Katharina Engel

On my mind...

...zwölf (Gute-Nacht-)Geschichten

Mauer Verlag
Wilfried Kriese
72108 Rottenburg a/N
Buchgestaltung: Wilfried Kriese
Titelbild: photocase.com
2008
ISBN 978-3-86812-146-9

www.mauerverlag.de

Inhalt

Katharina Engel, geb. 1971 in Cochem, aufgewachsen in Österreich, Studium der Psychologie, lebt als freie Schriftstellerin mit ihren Hunden in der Bretagne auf dem Land,
katharina.engel@gmx.eu.

Badewanne

Es ist kühl draußen. Wir wollen baden.

Das Badezimmer wird nur von ein paar Kerzen beleuchtet. Aus dem Schlafzimmer sickert Smetanas Moldau in dic schon mit warmem Wasser gefüllte Wanne. Du setzt Dich in die Wanne, lässt Dich im Schaum und dem duftendem Wasser nieder. Ich knie neben der Wanne und seife Dich mit einem Waschlappen ab - Deinen Nacken, Deine Achseln, Deine Arme, Deine Brust mit den steifen Nippeln, Deinen Bauch bis zum Haaransatz, Deinen Rücken bis zum Beginn der Po-Ritze, Deine Füße, Deine Unterschenkel, Deine Oberschenkel, die Außenseite der Hüften. Du drehst Dich um und kniest jetzt in der Wanne damit ich mich noch um den „Rest“ kümmern kann - vorsichtig fährt zuerst meine Hand durch Deine Po-Ritze, ganz langsam den Anus massierend bis zum Ansatz der Eier - und wieder zurück. Dem Anus wird ganz besondere Aufmerksamkeit geschenkt, ansatzweise stecke ich meinen Finger vorsichtig rein und ziehe ihn langsam wieder heraus, so als ob ich einen Schwanz hätte, mit dem ich Dich penetrieren könnte. Die andere Hand seift Deine Erektion und die rasierten Eier ein, meine Hand gleitet rhythmisch von der Eichel bis zur Schwanzwurzel - und wieder zurück. Du rückst so weit nach vorne, dass ich hinter Dir Platz habe. Ich steige hinter Dir in die Wanne, knie hinter Dir, wichse Deinen Schwanz mit einer Hand und lasse meine Zunge langsam in Deine Ritze gleiten. Endlich finde ich Deine Rosette. Erst lecke ich vorsichtig in der Peripherie, dann ficke ich Dich mit meiner Zunge in den Arsch. Ich stecke sie so tief wie möglich rein, rhythmisch versuche ich immer tiefer in Dich einzudringen. Vielleicht kommst Du, spritzt Deinen Saft in das Badewasser und wir bewundern die herum schwimmenden weißen Flocken. Vielleicht komme ich, weil es mich geil macht Dich zu knallen. Vielleicht kommen wir beide, weil wir es einfach nicht mehr aushalten. Vielleicht drehst Du Dich auch um, setzt Dich wieder in die Wanne, überstreckst Dich um mir Deinen wundervollen steifen Schwanz zu zeigen, ich lasse mich darauf nieder und wichse Deinen Schwanz mit meiner Möse, Du brauchst nichts zu tun und liegst ganz entspannt in der Wanne und konzentrierst Dich auf Deine Geilheit. Ich sitze sehr aufrecht auf Dir, Du kannst gut beobachten was Dein Schwanz mit meiner Möse macht - rein, raus, immer wieder, immer schneller, immer wilder. Du siehst meine Möpse wie sie vor Dir auf und ab hüpfen und fasst zu, knetest sie, versuchst sie in den Mund zu nehmen, zu küssen, zu lecken. Wir vögeln wie die Wilden, das Badewasser spritzt - und Du endlich auch.

Wir sollten öfter gemeinsam baden

Spritztour

Wir machen einen Ausflug und gehen chic Essen.

Der schöne Abend, das gute Essen, unsere frivole Konversation hat uns erregt. Der Wein lässt uns locker sein, übermütig werden.

Es ist dunkel. Wir haben es eilig zu gehen und fahren mit dem Auto zügig los. Wir suchen nach einem versteckten Weg im Wald. Natürlich finden wir einen. Wir denken schon den ganzen Abend an - Sex im Auto. Wir haben zügellos gegessen und getrunken, jetzt wollen wir zügellos ficken. Jetzt. Sofort. Wir haben keine Zeit mehr heimzufahren. Wir waren ja schon stolz auf uns, dass wir es nicht im Restaurant auf der Toilette miteinander getrieben haben. Also jetzt.

Endlich. Wir kommen schnell zur Sache: manchmal ganz ausgezogen. Manchmal nur den Rock und den Pulli hoch geschoben, den Slip ausgezogen (wenn ich einen an hatte...), Deine Hose knapp über den Po gestreift ficken wir los. Das ist die Nachspeise nach einem guten Essen: Vögeln. Mit Dir. Auf der Rückbank – Du unten, ich oben oder umgekehrt. Du auf dem Beifahrersitz sitzend, die Lehne sehr flach herunter gedreht und ich auf Dir sitzend und Dich fickend, Dich reitend. Unsere nackten Ärsche auf den Ledersitzen spürend. Oder Du auf dem Fahrersitz halb liegend, die Lehne nach hinten gedreht, Deine Hose offen und ich Deinen Schwanz leckend, Dir einen blasend, Dir auf dem Beifahrersitz halb sitzend einen runterholend.

Wir sollten öfters ne gemeinsame Spritztour machen!

Mein Garten

Es ist Sommer.

Am späten Nachmittag scheint die Sonne auf meine Terrasse. Es stehen viele Pflanzen, Bäume hier, niemand kann uns sehen, wenn wir hier draußen sind. Wir allerdings können hinaus schauen, sehen die Pflanzen, hören die Vögel zwitschern, spüren den leichten, warmen Wind und haben das Gefühl, als ob wir in einem Garten liegen würden.

Die Balkontür steht offen, wir haben ein großes Handtuch auf dem Balkon ausgebreitet. Wir legen uns drauf. Die Sonne scheint sanft auf unsere nackten Körper. Wir schmusen, fummeln aneinander `rum, knutschen und irgendwann vögeln wir miteinander. Lautlos. Eine Herausforderung. Besonders wenn wir kommen.

Vielleicht erregt uns das ja auch: um uns herum all´ die soliden Spießbürger auf ihren Balkonen und Terrassen sitzend, Kaffee trinkend, vor sich hindösend – und wir beide geil fickend gleich in ihrer Nähe – und sie merken es nicht!

Das Wort "Naturliebhaber" bekommt eine völlig neue Bedeutung.

Dunkel

Mitten in der Nacht. Es ist dunkel. Absolut stockdunkel. Ich höre Dich atmen, leise schnarchen. Du schläfst.

Tastend bewegt sich meine Hand auf Deine Bettseite zu. Du liegst auf dem Rücken, meine Hand berührt vorsichtig Deinen Bauch. Ich suche nach dem Abschluss Deiner Schlafanzughose. Endlich. Meine Hand gleitet sanft hinein, unter dem Gummi durch, nach Deinem Schwanz suchend. Du hörst auf zu schnarchen und wirst wach. Wortlos ziehst Du Dich aus. Ich tauche ab und nehme Deinen müden Schwanz in den Mund, Deine Eier in die Hand um sie zu streicheln, zu kraulen. Dein Schwanz wacht ganz langsam auf und streckt sich aus zu seiner vollen Größe. Deine Hand gleitet zwischen meine Schenkel, sucht nach meiner Möse um sie zu massieren, um zu überprüfen ob sie schon feucht genug ist, für das was ihr gleich bevorsteht. Sie ist so nass, dass sofort Dein Finger drin verschwindet, vielleicht sogar ein zweiter. Deine Finger machen mich fast verrückt. Ich räkele mich stöhnend auf dem Rücken, die Schenkel weit gespreizt und mein ganzer Körper erwartet Dich. Deine Finger verschwinden aus meiner Möse, augenblicklich später steckt Dein Schwanz in mir, groß und steinhart stößt er zu. Immer kräftiger, immer schneller. Ich brauche nur wenige Stöße um zum ersten Mal zu kommen. Du machst es Dir auf mir bequem, ich spüre Deinen ganzen Körper auf meinem, Deine Wärme, Deinen Atem, Deine Küsse. Meine Schenkel reiben sich an Deinen Hüften. Du bewegst Dich langsam weiter. Du küsst meinen Hals, meine Kehle, beißt vorsichtig rein um mich noch einmal kommen zu lassen. Du ziehst Deinen Schwanz aus mir raus, drehst Dich zur Seite, legst Dich auf den Rücken und ziehst mich auf Dich. Ich setze mich auf Dich, auf Deine Erektion und beginne Dich zu ficken. Du machst mit. Deine Stöße werden heftiger, immer schneller. Deine Zunge dringt in meinen Mund ein wie Dein Schwanz in meine Möse. So irre gut gevögelt kommen wir beide gemeinsam.

Gute Nacht, jetzt können wir weiter schlafen.

Hintereingang

Er ist heute dran - mein Hintereingang.

Ich knie doggy style vor Dir und strecke Dir meinen Po entgegen. Die Backen sind leicht gespreizt und Du kannst erahnen wo Du Deinen steifen Schwanz gleich hineinstecken wirst.

Du kniest hinter mir, nimmst etwas Öl, Sprühsahne oder Du spuckst Dir einfach in die Hand und fährst damit durch meine Ritze, suchst nach meinem Anus, massierst ihn sanft um ihn für den bevorstehenden Fick vorzubereiten. Du reibst auch Deinen Schwanz ein, damit er gleich in diese dunkle Höhle gleiten kann. Dein Schwanz sucht nach dieser kleinen, engen Öffnung zwischen meinen Backen. Du spreizt mit einer Hand meine Arschbacken, siehst das glänzende Ziel und dirigierst Deinen Prügel genau dort hin. Ganz langsam und sanft - und doch fordernd dringst Du ein, ganz tief, bis zum Anschlag, ich spüre den Druck Deines Beckens, ich spüre Deine Eier an meinen Schamlippen. Und dann stößt Du zu. Immer wieder, immer schneller, immer heftiger. Du genießt die Enge meiner Rosette und geilst Dich daran auf.

Du schaust Dir das alles auch an: Dein Schwanz in meinem Anus - rein, raus, immer wieder, immer heftiger. Immer wieder stößt Du in meine Rosette, immer wieder stöhne ich vor Erregung. Mal siehst Du kurz Deine Eichel, gleich darauf verschwindet sie wieder in mir drin. Du schaust Dir ganz ungehindert alles an - Deinen steifen Schwanz, meinen Po, meine Taille, die Schultern, den Nacken. Und - wenn wir seitlich vor dem Spiegel ficken - auch meine Möpse, mein erregtes Gesicht. Du siehst wie die Möpse bei jedem Deiner Stöße hin- und her schwingen, Du greifst nach ihnen und packst sie.

Du siehst mein Gesicht, siehst und hörst mich wenn ich komme, wie ich Dir meinen Arsch noch weiter entgegenstrecke um Deinen Saft ganz tief in mich rein gespritzt zu bekommen, wenn Du kommst. Deine Eichel treibt sich vor allem am Eingang `rum. So eng von meiner Rosette umschlungen wirst Du immer geiler, Dein Schwanz immer härter, die Stöße immer schneller, immer wilder. Du hältst meine Backen mit Deinen Händen fest um unsere Bewegungen zu kontrollieren. Oder Du fickst mich ganz platt auf dem Bauch liegend, alle Viere von mir strekkend, ich bin Dir völlig ausgeliefert. Du liegst auf mir und fixierst mich, hältst meine Hände fest, beißt mich in den Hals. Und vögelst knallhart meinen Po. Und ich werde fast verrückt vor Erregung und genieße diesen Arschfick ohne Ende.

Oder Du ziehst kurz Deinen Schwanz aus mir heraus, drehst mich auf den Rükken, ich ziehe die Beine so weit an, dass Du sie Dir gleich über die Schultern legen kannst sobald Dein steifer Schwanz wieder in meinem Hintern steckt. Und dann vögelst Du meinen Arsch von vorne, und wir beide genießen die Aussicht auf diese zwei erregten Körper, die sich

gerade wie die Verrückten ficken.
Du gibst den Ton an, Du bestimmst den Rhythmus. Und dann kommst Du, darauf habe ich gewartet, es ist so ein spezieller Genuss Dich in meinem Hintern zu erleben. Ich halte mich ganz still und genieße Dich und Deine Ejakulation, jede Welle, die durch Deinen Schwanz jagt, jeden Spritzer der pulsartig in mich rein donnert spüre ich, das macht mich völlig verrückt. Ich höre Dich stöhnen – und komme vermutlich noch mal.

Wie gefällt´s Dir in meinem Hintern?

Mile-high-Club

Wir haben es geschafft und sitzen im Flieger nach ganz weit weg.

Wir genießen den Flug. Und das Leben. Und dazu gehört für uns Sex. Viel Sex. Und heute auch verrückter Sex.

Der Plan mit der Toilette im Flieger wird heute in die Tat umgesetzt. So eng kann die Toilette gar nicht sein, als dass wir beide da nicht hinein passen würden. Vorausschauend habe ich einen Rock und halterlose Strümpfe an. Das Höschen ist schnell ausgezogen, vielleicht habe ich das schon heimlich am Sitz gemacht. Du brauchst nur Deine Hose aufzumachen und sie und Deinen Slip gerade soweit

herunterzuziehen, dass Dein Schwanz endlich heraus kann.
Wir wollen das ganze Programm: Ich lecke Deinen Schwanz bis er knallhart ist. Du streichelst meine Möpse und auch meine Möse bis sie feucht ist (was sie vermutlich – aus reiner Vorfreude - schon seit Verlassen der Sitzreihe ist...). Ich setze mich auf das Waschbecken, die Beine weit gespreizt. Sitzend auf dem Klodeckel leckst Du erst meine Möse bevor Du aufstehst uns mich im Stehen vögelst. Oder Du setzt Dich wieder auf die Toilette und ich setze mich auf Dich, reite Dich.

Jetzt sind wir Mitglied im Mile-High-Club. Vögeln in 10km Höhe – wer hat das schon erlebt?
Wir.

(Gespielte) Gewalt

Wir spielen. Verrückte Spiele.

Heute spiele ich die Zicke und will nicht mit Dir bumsen.
Und Du spielst dem Macho, der seinen Fick braucht und ihn auch bekommt.
Freiwillig oder nicht freiwillig.
Heute letzteres.
Ich will nicht.
Du willst.
Und Du kriegst, was Du willst.
Du willst ficken.
Mich ficken.
Jetzt.
Und das tust Du - auch wenn ich mich sträube.
Und das tue ich (und das ist das Spiel!).

Du musst Kraft anwenden um mich ins Schlafzimmer zu bekommen, mit mehr oder weniger viel Gewalt meine Möse von Kleidung befreien, mehr muss gar nicht sein, Du willst nur ficken. Ich versuche Dich weg zu schubsen. Du hältst mich grob fest, so sehr ich es versuche, ich kann nicht fliehen. Deine Hand will zwischen meine zusammen gepressten Schenkel, meine Möse anfassen, kontrollieren ob sie feucht genug für Deinen harten Schwanz ist (was sie jetzt ganz sicher ist, sie ist gerade besonders scharf auf Dich) oder ob Du Deinen Schwanz mit Spucke einreiben musst um in mich eindringen zu können.

Du schubst mich grob aufs Bett, dann wirfst Du Dich mit Kraft auf mich, damit ich nicht abhauen kann. Mit Gewalt schiebst Du Dich zwischen meine Schenkel, Dein steifer Prügel sucht nach meiner Möse (die ihn schon lange erwartet, das zeige ich Dir nur nicht). Du dringst heftig in mich ein, ich versuche Dich und Deinen Schwanz raus zu werfen, drehe und wende mich so als ob ich Dich abschütteln wollte, versuche meine Schenkel zusammen zu pressen um Dich aus mir raus zu schmeißen. Du hast mehr Kraft. Du bleibst in mir drin. Das macht mich geil, nur das darfst Du nicht merken. Mit Deinen Händen und Armen hältst Du mich fest – ich bin Dir wehrlos ausgeliefert. Wenn Du jetzt einen Schal oder ein Tuch hättest, würdest Du meine Hände fest binden, damit Du es leichter hast. Du fickst mich mit groben, harten Stößen, ich lasse mich ficken, ohne mitzugehen (äußerlich...). Du kommst, stöhnst und Dein Saft spritzt in heftigen Wellen in mich hinein. Unendlich geil auf Dich komme ich – ohne auch nur einen Ton von mir zu geben. Das ist auch das Spiel.

Du weißt es. Und spielst mit.

Dein fotografisches Talent

Du fotografierst mich.

Du fotografierst mich so, wie Du mich siehst, so wie Du mich sehen willst, so wie es Dich scharf macht, so wie ich Dich scharf mache. Mit Kleidung, mit wenig Kleidung, mit kurzem Rock, der nur knapp die Möse bedeckt – ohne Höschen drunter. Mit Dessous – BHs mit herausquellenden Möpsen. Mit und ohne Strapse. Mit Schlüpfer, Slip oder String – in dem meine Hand steckt um nach meinem Schlitz zu suchen, ihn zu massieren. Fast nackt - nur Strümpfe, keine Kleidung - nur mit Halsband, schwarzen Wildlederhandschuhen und High Heels oder Stiefeln. Oder ohne alles - splitternackt.

Aus allen Blickwinkeln, aus denen Du mich anschauen magst – Ganzkörper-Aufnahmen oder Details, von vorne, von hinten, von unten, von der Seite, von weit weg oder ganz aus der Nähe. Nur die Möpse – mit meinen und ohne meine Hände - alle beide Möpse oder nur einen, zart mit meinen Fingern an den steifen Warzen spielend oder kräftig den ganzen Mops knetend. Die Zunge ganz lang machend um die steifen Nippel zu lecken. Meinen Po – mit und ohne String, mit meinen oder ohne meine Hände auf den Backen. Die Backen locker zusammen oder mit den Händen auseinander gezogen, damit Du meine Rosette bestaunen kannst. Die Möse – mit schamhaft geschlossenen Beinen, mit einladend gespreizten Schenkeln und allen ihren Details für

Dich sichtbar. Mit einem Mittelfinger es der Klitoris besorgend. Mit einem oder zwei Fingern in mir drin, die Stöße Deines Schwanzes nachahmend.

Du bestimmst die Posen – ich liege für Dich auf dem Rücken, auf der Seite, auf dem Bauch, kniend Dir meinen Arsch entgegenstreckend – Du denkst an "doggy style"... oder dominant vor Dir stehend, die Hände in die Hüften gestemmt und ein Bein angestellt.

Du darfst mich im Moment nur Fotografieren. Nicht ficken, nur anschauen, nur mich mit Deinen Augen und in Deiner Phantasie vögeln. Nur optisch Dir vorstellen, was Du jetzt mit Deinem und meinem Körper gerne physisch tätest, was

Du jetzt mit mir machen würdest, wenn Du diesen Fotoapparat nicht in der Hand hättest. Nur Dein Teleobjektiv darf erigiert optisch in mich eindringen, meine Möse, die Titten, meinen Arsch fotografieren – Dein harter Prügel darf das nicht. Noch nicht.

Dein steifer Schwanz sprengt bei dieser Aussicht fast Deine Hose, er will jetzt dran kommen, in allen meinen Körperöffnungen verschwinden, geleckt werden, zustoßen, abspritzen. Endlich - endlich darf er raus. Und gleich rein. In mich. Ich bin so unbeschreiblich feucht, so unbeschreiblich geil - auf Dich.

Und ich bin auf unsere Bilder gespannt.

Klein & schwarz

Wir haben viel Zeit.

Einen ganzen Abend, vielleicht auch noch die ganze Nacht. Und wir haben die Muße, endlich mein "Kleines Schwarzes" anzuziehen.

Ich bin nackt und schlüpfe wie in eine Schürze in dieses kurze Latex-Kleid hinein. Es wird am Rücken geschlossen. Das ist Deine Aufgabe: eine lange Schnur wird kreuzweise von rechts nach links durch die Ösen geführt, ähnlich wie bei einem Schuh mit vielen Löchern. Und es muss stramm gezogen sein, das Kleid muss wie eine zweite Haut sitzen, die Möpse sind ganz an den Körper gepresst und quellen am Ausschnitt raus. Das Hundehalsband, die Handschuhe und die schwarzen, hochhackigen Stiefel dürfen nicht fehlen.

Wenn Du willst, kann ich mich so noch bewegen, wir können was essen, trinken, fernsehen – oder (falls der Anblick, die Prozedur des Anziehens Dich jetzt schon so sehr erregt hat wie mich) einfach das Kleid ein kleines Stück hoch rollen und losficken: im Stehen, von hinten, auf der Kommode mich abstützend. Auf dem Esstisch auf dem Rücken liegend, die Beine weit gespreizt, Du vor mir stehend und Deinen dicken Prügel in mich rein rammend. Doggy-Style vor dem Spiegel, Du kannst alles sehen – meine Möpse im Spiegel, Deinen Schwanz in meine Möse stoßend. Oder ganz einfach im Bett, Du entspannt unten liegend, ich reitend auf Dir.

Nicht nur ein Espresso ist "klein & schwarz".

Sahne

Sprühsahne aus der Dose schmeckt lekker. Und macht die Haut wunderbar glitschig. Man kann sich damit gegenseitig hervorragend eincremen, massieren und sie auch wieder ablecken.

Du liegst auf dem Bauch. Ich fange an Deine Rücken zu massieren. Erst die Schultern, dann über die Rippen zur Taille und dem Po. Der wird ganz besonders gepflegt. Mit festen Bewegungen massiere ich Deine Backen, und dann, mit ganz viel Sahne, auch die Ritze. Meine Hände spreizen Deine Backen. Ich sehe mir das an, was da vor mir liegt. Ganz genau, ganz dicht komme ich ran, damit ich auch ja alle Details sehe.

Nicht nur sehen und fühlen will ich Dich, ich will Dich auch schmecken. Meine Zunge leckt die weiße Sahne in Deiner Ritze wieder ab, ich will Deine Rosette richtig sehen. Meine Zungenspitze sucht nach den Resten der Sahne, sie dringt in Dich ein so tief sie nur kann. Das reicht uns beiden nicht. Wie von alleine gleitet ein Finger in Deine Rosette. Rein, raus. Und sucht nach der glatten, harten Stelle da drinnen, die Dich erregt. Du stöhnst. Ich habe den richtigen Punkt gefunden. Und massiere ihn. Du liegst vor mir und genießt das, was ich mit Dir mache. Und ich genieße Dich in Deiner Erregung.

Ich will Dich von vorne sehen. Du drehst Dich auf den Rücken, schwenkst dabei einen Schenkel über meinen Kopf, mein Finger bleibt in Dir.

So auf dem Rücken liegend wird Dein Schwanz von meiner zweiten Hand mit Sahne eingecremt und dann massiert. Der andere Finger fickt immer noch Deinen Po, massiert die spezielle Stelle, die Dich anmacht. Ab und zu verschwindet Deine Eichel in meinem Mund, die Sahne wird abgeleckt, abgesaugt, ich wichse den Schaft, wichse Dich in meinem Mund.

Du liegst vor mir, kannst Dich vor Erregung nicht wehren, willst, dass ich Dich weiter so ficke bis Du kommst. Und genau das will ich auch. Ich schaue Dir so gerne dabei zu, wenn Du spritzt. Von der Sahne gut eingecremt gleitet mein Finger in Deinem Hintern, genauso wie Dein Schwanz in meiner anderen Hand und in meinem Mund. Du bist nur mit Dir beschäftigt, ganz auf Dich und Deine Erregung konzentriert. Ich genieße das und mache weiter.

Solange bis Du kommst. Bis Du auf Deinen Bach spritzt. Bis Dein weißer Saft sich mit der Sahne vermischt.

Vielleicht ist genau das die Süßigkeit, die wir jetzt verspeisen wollen.

Porno-Stars

Wir sind weggefahren. Weit weg, keiner kennt uns.

Wir suchen uns eine professionelle "Fotografin", die Fotos von uns beiden macht.
Mir machen besonders die Detail-Aufnahmen Spaß: wie Deine Zunge meine Möse leckt. Wie Du mir mit der Hand einen `runterholst. Wie Dein steifer Schwanz in mir drin steckt – in meinem Mund, in meiner Möse, zwischen meinen Möpsen, in meinem Arsch – und mich fickt.
Und das ganze auch wechselseitig: wie ich Deinen Schwanz lecke, ihn ganz im Mund verschwinden lasse, ihn Dir mit der

Hand wichse, ich beim Wichsen an der Eichel lecke. Wie ein Finger in Deinen Arsch gleitet, wie mein Gesicht zwischen Deinen Backen verschwindet und ich Dir Deinen Anus lecke. Wie meine steifen Nippel Deine Eier kraulen und bei jedem Stoß Deine Eichel kurz in meinem Mund verschwindet und geleckt wird.

Du fickst mich in allen Stellungen, die uns einfallen. Pure Pornographie. Der Hauptdarsteller: Dein Schwanz, groß, hart – er penetriert die weibliche Hauptdarstellerin – mich - in jeder Stellung. In jede Öffnung wird gestoßen, gefickt, gevögelt, gebumst, genagelt – hart und unerbittlich stößt Dein Schwanz zu. Und genauso unerbittlich kommen wir. Vielleicht spritzt Du in meine Möse rein, vielleicht auf meinen Bauch, vielleicht fickst

Du gerade meinen Mund und spritzt mir auf die Möpse und wir können zuschauen, wie es aus Dir heraus strömt, auf mein Dekolleté tropft und langsam an meinen Titten herunter rinnt.
Vielleicht geben ja diese Fotos Onanier-Vorlagen für uns beide für die Zeiten, in denen wir uns nicht sehen und nicht miteinander vögeln können.

Und vielleicht wird ja auch (noch) ein Film draus...

Frischluft...

Wir sind unterwegs.

Mit dem Auto.
Irgendwo - auf einem Feldweg - machen wir halt. Wir steigen aus. Weil es draußen kühl ist lege ich mich mit dem Rücken auf die warme Motorhaube, ziehe die Beine an und stelle meine Beine, die in hohen hochhackigen Stiefeln stecken, auf die Stoßstange. Du schiebst meinen Rock hoch und bemerkst, dass ich kein Höschen trage. Die Finger Deiner Hand spielen an meiner feuchten Möse, Deine andere Hand macht Deine Hose auf, lässt Deinen steifen harten Schwanz an die frische Luft. Du beugst Dich über mich und dringst in mich ein. Deine Hän-

de liegen neben mir auf der warmen Motorhaube. Ich spüre Deinen heißen Atem auf meiner Haut. Das Auto bewegt sich unter Deinen harten Stößen in unserem Rhythmus mit. Du legst eines meiner Beine über Deine Schulter, das andere steht auf der Motorhaube, Du fickst mich und das Auto gleichzeitig.

Und nicht nur von vorne: Ich liege mit dem Bauch auf der Motorhaube, die Beine leicht gespreizt, die Hände versuchen sich festzukrallen wenn Du Deinen harten Schwanz in mich hinein rammst. Möse oder Hintereingang - das ist Dir im Moment völlig egal - Du willst nur vögeln, und ich auch. Doggy-style auf meinem Auto machen Dich - und mich - total geil. Immer schneller, immer heftiger bringen Deine

Stöße das Auto zum Schaukeln. Immer geiler werden wir, immer kürzer wird die Distanz zum Höhepunkt. Du gibst Gas - diesmal mit Deinem Schwanz.

So etwas nennt man dann wohl „Ein-Zylinder-Einspritz-Motor".